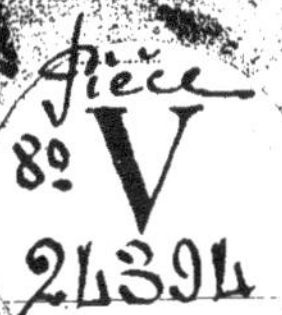

MUSÉE DES ARTS DECORATIFS

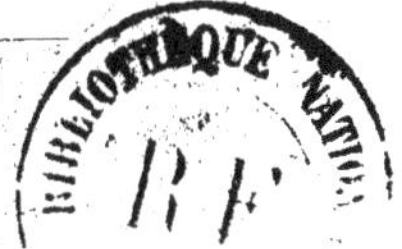

EXPOSITION

DE

GARDES DE SABRE JAPONAISES

TIRÉES DES COLLECTIONS DE MM. BING, COSSON, GONSE,
MARCEL GUÉRIN, R. KŒCHLIN, Mme LANGWEIL,
MARTEAU, Dr MÈNE, MUTIAUX, PONCETTON, RAPHAEL COLLIN, REUBELL,
RIVIÈRE, ROUART, Cte DE TRESSAN, H. VEVER, VIGNIER

AU PALAIS DU LOUVRE (PAVILLON DE MARSAN)
DU 20 JANVIER AU 20 FÉVRIER

NOTICE

PAR

LE COMTE DE TRESSAN

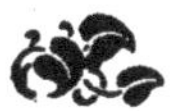

PARIS
LIBRAIRIE CENTRALE DES BEAUX-ARTS
ÉMILE LÉVY, ÉDITEUR
13, RUE LAFAYETTE, 13

1910

GARDES DE SABRE
JAPONAISES

MUSÉE DES ARTS DÉCORATIFS

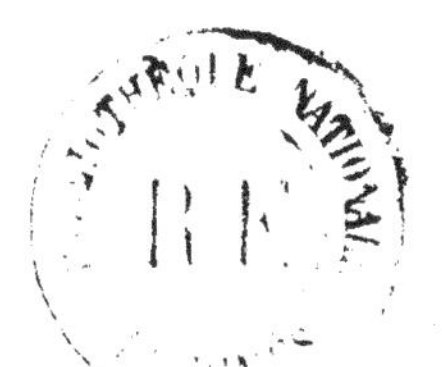

EXPOSITION

DE

GARDES DE SABRE JAPONAISES

TIRÉES DES COLLECTIONS DE MM. BING, COSSON, GONSE, MARCEL GUÉRIN, R. KŒCHLIN, Mlle LANGWEIL, MARTEAU, Dr MÈNE, MUTIAUX, PONCETTON, RAPHAEL COLLIN, REUBELL, RIVIÈRE, ROUART, Cte DE TRESSAN, H. VEVER, VIGNIER

AU PALAIS DU LOUVRE (PAVILLON DE MARSAN)

DU 20 JANVIER AU 20 FÉVRIER

NOTICE

PAR

LE COMTE DE TRESSAN

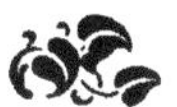

PARIS

LIBRAIRIE CENTRALE DES BEAUX-ARTS

ÉMILE LÉVY, ÉDITEUR

13, RUE LAFAYETTE, 13

1910

I

La ciselure japonaise se recommande tout à la fois par l'originalité de l'inspiration et par l'habilité merveilleuse de l'exécution. La constatation des rapports intimes qui l'unissent à la sculpture et surtout à la peinture, augmente encore l'intérêt de son étude pour l'amateur d'art. Le style paysagiste et mystique des écoles d'inspiration chinoise des XVe et XVIe siècles, le réalisme et le pittoresque de l'Ukiyoye (fin du XVIIe et XVIIIe siècles), le naturalisme des artistes de Kyoto (fin du XVIIIe et première moitié du XIXe siècle ; disciples d'Okyo et de Ganku, ont tour à tour inspiré les ciseleurs dans le choix de leurs sujets. Ailleurs, on croit reconnaître le coup de ciseau puissant d'un des illustres Deme.

Un peuple militaire et chevaleresque comme l'était celui du Japon, devait, d'autre part, attacher un grand prix à ses armes et chercher à les embellir sans cesse. Des origines jusqu'à 1868, époque de la restauration impériale, l'histoire

NOTA. — La présente étude n'est qu'un exposé rapide se proposant pour but de donner une idée de ce que fut l'art du métal japonais. Néanmoins, en raison de nouvelles études effectuées, on a pu apporter certaines précisions sur des questions encore mal éclairées.

de la ciselure japonaise se confond donc presque avec celle des garnitures de sabre.

Mais avant d'atteindre la perfection de la forme, l'art du métal a traversé des âges héroïques, producteurs d'une beauté mâle et simple qui, nous en sommes convaincu, retiendra l'attention de nos visiteurs.

De crainte d'agrandir outre mesure le cadre de cette exposition, nous avons du nous limiter et nous en tenir aux gardes de sabre. Intermédiaire entre la lame, objet vénérable dû aux meilleurs forgerons, qui se transmettait de père en fils, et la poignée, la garde (tsuba) était celle des garnitures qui offrait la plus grande surface susceptible d'être décorée.

Les tsubas actuellement connues, proviennent de différentes sortes de sabres.

Le *tachi* a l'origine arme de guerre, mais par la suite, devenu simple objet de parade, était souvent très luxueux, mais son décor minutieusement réglé par l'étiquette, manquait généralement d'originalité.

Les deux sabres, dits *dai-sho* (littéralement : le grand et le petit) et portant respectivement les noms de *Katana* (grand sabre) et *Wakizashi* (petit sabre) possédaient les vraies lames de combat. C'est à la confection de leurs garnitures que les armuriers et les ciseleurs japonais ont apporté le plus de soin.

Les gardes des anciens tachis étaient généralement en bronze doré — quelquefois en or ou en argent massif. — Leur forme était dite *aoi* (quatre feuilles de mauve réunies par leur partie supérieure), *mokko* (coupe faite dans une sorte de melon), ou *shitogi* (gâteau de riz, destiné à être offert aux divinités).

Quant aux tsubas des premiers *Katana*, elles auraient

été en bronze, en fer ou en cuir laqué (*neri* tsubas). Ici se pose la question des gardes en fer primitives, assez sobrement décorées, qui figurent dans les collections présentement exposées. Elle a été fort controversée et nous ne prétendons pas la résoudre dans ce court résumé, mais il nous a semblé nécessaire d'exposer l'état de la question.

Les ouvrages japonais sont assez pauvres en renseignements sur les premières gardes en fer. Si le *Mampô Zenshô* (paru durant l'ère de Genroku : 1688-1703), le Sôken Kishô (paru en 1781), et le Shuko Jisshû donnent quelques reproductions de tsubas, ils omettent généralement les indications chronologiques qui seraient pourtant bien utiles. D'autre part, les pièces antérieures au XVIe siècle ne portent ni date, ni signature.

Le regretté T. Hayashi qui a tant fait pour la connaissance de l'art japonais en France, a cru pouvoir classer plusieurs collections de façon très précise, ses divisions correspondant à celles généralement admises dans l'étude des arts majeurs (époque antérieure à Kamakura : XIe siècle ; de Kamakura : XIIe siècle ; des Hôjo : XIIIe siècle ; des Ashikaga, etc.). Mais Hayashi est malheureusement mort avant la publication de l'ouvrage qu'il avait annoncé, et on ignore quelles sont les preuves qu'il avait du rassembler.

D'autre part, un certain nombre de critiques, particulièrement anglais ou allemands, se sont refusés à admettre cette classification. Ils s'appuient sur une phrase du *Hômpo-Tokenko*, que Sakakibara-Kôsan publia en 1795, affirmant que : « les gardes en fer repercé ne sont pas apparues avant le temps du shôgun Yoshinori (1402-1441) ».

Entre ces deux avis très opposés, la vérité se trouve peut-être dans un juste milieu. On lit, en effet, dans les ouvrages japonais que *Munesuke I*, fondateur de l'atelier d'armurerie des Miôchin qui vécut durant la DEUXIÈME MOITIÉ DU XIIe SIÈCLE (1) orna des gardes en FER de *mokume-ji* (procédé donnant à la surface l'aspect du grain du bois) et que ses successeurs continuèrent sa tradition.

Il est dit ailleurs que *Mitsutsune* de Yamaguchi en Izumô fut en Meitoku (1390-1394) le fondateur de la famille de ciseleurs en tsubas Nakai, qui résida par la suite à Hagi en Nagato.

Ce sont là quelques *jalons* précieux. Si nous remarquons en outre qu'à l'origine, les soldats seuls avaient le droit de porter les deux sabres (2), que les premiers maîtres en tsubas étaient des armuriers (comme les Miôchin) ou des forgerons de sabres (comme les Umetada) (3), et qu'enfin la garde devait « au besoin servir à escalader les murs en posant le pied sur celle-ci » (4), il semble naturel de conclure :

1°) Qu'il exista des gardes primitives en fer forgé pleines ou n'offrant que de faibles ajourages dès la seconde moitié du XIIe siècle. Il aurait été d'ailleurs étonnant que le fer étant employé dans les armures, on n'ait pas songé à en faire usage dans les gardes de sabre, alors que sa résistance

(1) *Munesuke I* était le 20e représentant de la famille Miôchin dont le fondateur aurait été Munemichi qui vécut au VIIe siècle de notre ère. Il habita successivement en Izumô, à Kyôto et à KAMAKURA.

(2) Aux XIe et XIIe siècles, la loi se relâcha. Les moines eux-mêmes s'armèrent. A partir du XVIe siècle seulement, les PARTICULIERS purent porter le sabre.

(3) Umetada Shigeyoshi I, est cité par les auteurs japonais comme un maître renommé en gardes de sabre. M. S. Hara le reconnaît lui-même. Or, cet artiste travaillait à la *fin du XIVe siècle*.

(4) Cité par M. Joly dans le « Bulletin de la Société Franco-Japonaise ».

aux coups de taille était bien supérieure à celle du bronze. Mais ces gardes *uniquement destinées à des armes de combat*, étant très sobrement ornées, les Japonais ne les ont pas considérées à proprement parler, comme œuvre de ciseleurs, mais bien *d'armuriers ou de forgerons*. Ceci explique l'affirmation de Kôsan précédemment citée.

2°) Quant aux gardes du type dit : « *sukashi bori* », ornées d'ajourages déjà importants et dénotant une technique plus raffinée, il semble bien établi qu'elles ne furent usitées qu'à partir du xve siècle (1).

3°) Enfin, c'est à l'époque de *Goto Yujo* (1434-1512) que fut véritablement créée la ciselure en relief (*taka-bori*).

Dans l'état actuel des connaissances, il paraît sage de s'en tenir à ces divisions sans en adopter de plus détaillées.

Quoiqu'il en soit, les gardes primitives se recommandent à notre admiration par la beauté robuste et simple de leur ensemble, par la qualité du fer et de la patine. L'art qui a présidé à leur exécution est *parfaitement logique* en ce sens qu'elles reflètent bien à nos yeux les époques guerrières qui les vit naître.

Les plus anciennes sont généralement assez minces mais faites d'un fer très dense, pleines ou ornées de repercages de petite dimension figurant des formes ornementales, les silhouettes de la lune, du soleil, des nuages, de libellules, de légumes, d'objets usuels, comme des pots à thé, etc... Leur patine est d'un beau brun foncé et leur son assez sourd.

Par la suite, aux repercages s'ajoutent quelques ciselures

(1) *Shôami Takatsune* se signala dans ce genre à Kyôto dès 1410.

en très léger relief. Puis les reperçages augmentent d'importance, *mais en même temps la garde devient plus épaisse*, ce qui lui conserve toute sa valeur défensive.

On arrive ainsi aux admirables ouvrages du XVe et du XVIe siècles.

II.

Cette dernière époque est une des plus belles qu'ait connues l'art du fer japonais. Le métal, grâce à sa parfaite homogénéité et à une grande densité, possède une extraordinaire sonorité. Les recettes de patines perfectionnées sans cesse permettent d'obtenir des tons admirables.

Les Miôchin continuent les traditions de leur famille d'armuriers. Nobu-iye I (1486-1564) le plus célèbre d'entre eux, se distingue dans des gardes de trois styles différents. Celles de la première sorte sont décorées de volutes florales gravées (Karakusa) et de feuilles ou de fleurs en faible relief. D'autres sont découpées à la scie de filets de pêche, de signes idéographiques entrant dans des poésies, d'arcs et de flèches, etc. Un troisième genre enfin correspond aux gardes en fer forgé, repoussé, martelé et ciselé, parsemé parfois de caractères en creux, offrant la forme de valves de coquillage, de têtes de mort, etc. (1).

(1) A partir de 1550, le nom de *Nobuiye* fut probablement pris par son deuxième fils *Iyeroshi*. Il est souvent difficile de distinguer les œuvres

D'autre part, sous l'influence des *Gòto*, se crée une technique nouvelle. Les premiers maîtres de cette famille : *Yùjò* (1434-1512), *Sòjò* (1486-1554) et *Jòshin* (1511-1562), n'utilisèrent pas le fer mais le shakudo (1), et se spécialisèrent dans les kogai, kozuka et menuki. Ils inventèrent, puis perfectionnèrent le procédé appelé « *nanako* » ou « œufs de poisson », sorte de pointillé régulier parsement la surface du métal et véritable tour de force. Mais il furent surtout les premiers à employer le *taka bori* (ou ciselure en relief) sur bronze et sur or.

S'ils ne travaillèrent pas le fer, leur *influence sur les maîtres en gardes faites de ce métal fut considérable*. On la distingue nettement dans les œuvres d'artistes des familles *Umetada* et *Shoâmi*, comme dans celles de *Kane-iye I*.

L'époque à laquelle vécu ce dernier maître a été assez discutée. L'étude attentive de son œuvre, d'ailleurs corroborée par certains documents japonais, semble prouver qu'il travailla durant la première moitié du XVIe siècle et non à la fin du XVe, comme on l'a longtemps cru. Ses gardes montrent clairement l'influence des écoles de peinture japonaises, inspirées par l'art chinois *Sung-Yüan*, sur la ciselure de l'époque.

Il est le créateur du style paysagiste appliqué à l'art du métal. Dans ses gardes comme dans les kakemonos d'un Shùbun ou d'un Sesshù se manifeste le goût pour les monts et les bois, les oiseaux et les fleurs et la prédilection de la secte bouddhique Zèn pour le calme profond de la nature

des deux artistes. En outre, deux autres ciseleurs habitant l'un en Echizèn, l'autre en Aki, ont employé la même signature.

(1) Bronze contenant 3 o/o d'or, procédé permettant seul l'application d'une belle patine noire aile de corbeau.

qu'elle aime à comparer à celui de l'esprit, sait admirablement s'y exprimer. Ses sujets sont d'ordinaire très simples: un pont rustique jeté sur une cascade, des vols d'oies sauvages au-dessus du monde des lotus et des roseaux. Dans ces scènes champêtres, il introduit des personnages, paysans ou sages de l'antiquité. Il lui arrive d'ajourer ses tsubas mais la majeure partie est en fer plein et ciselé en léger relief. Il rehausse souvent le décor de petites incrustations d'or, d'argent et de cuivre.

Kaneiye II (vers Tenshô: 1573-1591) continua les mêmes traditions en faisant parfois usage d'un relief plus fort et d'incrustations plus importantes. Il a aimé à rappeler les vieilles légendes japonaises et à représenter des cortèges de divinités.

La seconde moitié du XVIe siècle est marquée par une suite d'événements qui influèrent profondément sur l'art du métal japonais. En 1541, les Portugais débarquaient au Japon et y apportaient les traditions de la Renaissance européenne. Celles-ci se combinant avec l'inspiration chinoise produisirent des styles de ciselure nouveaux. La fin du XVIe siècle japonais fut d'ailleurs une époque de luxe, mais ce luxe n'eût pas un caractère efféminé comme plus tard celui du XVIIIe siècle. Des luttes incessantes tinrent la partie militaire de la nation en haleine. La conquête de la Corée par Hideyoshi contribua encore à étendre le champ des connaissances japonaises. Dans certaines gardes en fer plein assez épais, ciselées en relief de dragons et d'oiseaux fabuleux, on retrouve nettement *l'influence coréenne*, particularité qui ne nous semble pas avoir été signalée jusqu'à ce jour. On aime à comparer les tsubas de style

Namban (1) aux plus belles œuvres de ferronnerie de notre Renaissance. Le reperçage en fine dentelle où les dragons glissent dans des rinceaux, la qualité du fer nécessaire pour de pareils tours de force, les belles applications d'or et d'argent de plusieurs nuances qui viennent rehausser le décor, expliquent la vogue de ces gardes.

A *Takeda Shingen* (1521-1531) célèbre daimyô de Kai est attribuée l'invention d'un autre genre de tsubas. Nous voulons parler des Mukade (littéralement « mille pattes », faites d'un fer plein dans lequel passent des fils de cuivre jaune ou rouge, parfois d'argent, technique d'une extraordinaire difficulté que les âges suivants s'efforcèrent de pratiquer sans atteindre au même degré de perfection.

Citons enfin les *Kagonami* et les *Gommoku*. Les premières sont ornées de reperçages compliqués figurant des enchevêtrements d'araignées tissant leur toile, de singes gambadant et jouant, d'insectes dans les herbes. Les secondes ont leur surface parsemée d'incrustations en manière de poussière dont l'ensemble offre à l'observateur attentif ces paysages chinois où les temples s'étagent dans la montagne et où des ponts rustiques sont jetés sur des torrents rapides.

A la même époque *Tembò* créait à Nara en Yamato la technique qui depuis a porté son nom et consiste dans des coulages de bronze noir ou jaune, voire même d'or ou d'argent, recouvrant partiellement des dépressions ménagées à la surface du fer martelé.

(1) Le mot veut dire littéralement « Barbares du Sud », et a occasionné de nombreuses hypothèses. Le fer employé dans ces gardes, serait venu soit d'Europe, soit des îles Malaises par l'intermédiaire des Portugais.

Enfin, *Hoân I*, dans son atelier de Hiroshima en Aki faisait tout à la fois usage du repercage et de la ciselure en faible relief dans ses motifs de vieilles monnaies, d'inscriptions en caractères chinois, etc.

Il nous reste à dire un mot des ateliers de *Fushimi* et de *Kyòto.*

En 1587, Hideyoshi faisait construire dans la première de ces villes son château de Shuraku où vint s'établir une cour brillante. Les artistes affluèrent dans cette nouvelle capitale, mais la splendeur de celle-ci dura peu. Dès 1606, en effet, le premier shogun Tokugawa transporta le siège du gouvernement à Yedo. Il semble donc qu'on a parfois abusé du nom de Fushimi en le donnant aux nombreuses gardes en fer décorées en incrustation de cuivre jaune à plat (*hira zogan*) ou en faible relief (*taka zogan*) figurant des animaux légendaires, des plantes ou des animaux, parmi lesquels certains lièvres d'allure persane.

Si certaines de ces tsubas remarquables par l'ampleur de leur style sont dues au ciseau des célèbres *Yoshirò* (1), beaucoup aussi doivent être attribuées à des artistes qui, à la suite des grands daimyô, rayonnèrent de Fushimi dans les provinces durant les premières années du XVIIe siècle. Les uns allèrent à Kyôto (gardes du type dit *Heianjò*), d'autres à Kanazawa en Kaga ou à Yedo la nouvelle capitale Shogunale.

La ville impériale de Kyôto avait d'ailleurs conservé ses

(1) Il existe dans la collection de M. Jacoby, une garde datée de 1533, portant la signature Yoshirô. Cet artiste n'aurait pas d'ailleurs été le premier de sa famille et aurait eu plusieurs successeurs qui portèrent le style à son apogée à la fin du XVIe siècle. Le nom de Yoshiro aurait enfin été employé par Shôami Nagatsugu qui vivait à Hino au commencement du XVIIe siècle.

fidèles et parmi ceux-ci les *Muneta* et les *Umetada* parvenus à la 25e génération. *Shigeyoshi II* surnommé *Miôju* (1558-1631) sut créer un style tout particulier où il mélangea fort habilement les incrustations à plat à la ciselure. Cuivre, fer, shakudo, shibuichi (bronze d'argent), bronze rouge recouverts de patines admirables, il a tout employé. Ses ajourages en fer forgé sont également fort prisés du Japon. *Umetada Jûsai* (vers Tenshô, 1573-1592), a surtout exécuté des gardes découpées et ciselées que par un jeu de mots bien japonais, il avait l'habitude de signer avec la fleur du prunier (mume, ce qui se prononce presque ume) suivi du caractère *tada* (1).

Pendant ce temps, les ciseleurs Shoâmi travaillaient dans le province de Dewa et à Tsuyama en Mimasaka.

Nous nous excusons de nous être aussi longuement étendu sur le XVIe siècle, mais nous avons cru devoir le faire considérant celui-ci comme *l'époque la plus brillante de l'art du fer japonais*, celle où le ciseleur se trouve en possession de toutes les ressources du métier.

III

Le XVIIe siècle est en réalité la *suite* et le *développement* du XVIe. Les travaux sur fer sont encore très beaux et ne

(1) On ne doit pas confondre ses œuvres dans celles d'un autre artiste de la famille Masahide Nagakazu qui vivait vers 1850 et a employé la même signature.

sentent pas la décadence. La patine employée est seulement de nuance plus noire et la surface du métal jusque-là rugueuse, offre souvent l'aspect uni du satin.

Les ateliers de provinces se multiplient, encouragés qu'ils sont par les daimyô. Parmi les plus importants, citons ceux de Kanazawa en *Kaga* (1), où les ciseleurs firent usage de splendides incrustations à plat d'or, d'argent et de bronze de différentes manières. Les procédés employés par *Kuninaga* (1re moitié du XVIIe siècle) sont si admirés qu'on leur a donné le nom de *Jirosaku-bòri* (ciselure de Jirosaku, ce nom étant un de ceux de l'artiste).

Dans la province de *Higo* se distinguent les familles Hayashi, Nishigaki et Shimizu, protégées par les daimyo Hosakawa. Leurs inscrustations sont souvent en fort relief. Jingo I (Kazuyuki mort en 1675), est l'auteur d'oiseaux de proie qu'on croirait descendus d'un Kakemono de Soga Jasoku ou de Chokuan.

Les maîtres ciseleurs de la province d'*Echizen* se distinguèrent presque uniquement dans le travail du fer forgé, sans adjonction d'autres métaux. Le nom de *Kinai* (famille *Ishikawa*) est aujourd'hui bien connu. Il a été porté par toute une lignée d'artistes, dont le premier mourut en 1680 et le second en 1696 (2). Il est parfois difficile d'attribuer les œuvres signées Kinai à tel ou tel artiste de la lignée. Néanmoins, parmi les tsubas de ce genre, quelques unes se distinguent à première vue au milieu de toutes les autres par la qualité du fer et sa sonorité, par la simplicité presque archaïque des motifs traités. Il semble logique d'en donner

(1) Habité par les daimyo de la famille Maeda.

(2) M. Brinkley a retrouvé leurs tombes dans la province d'Echizen.

la paternité aux deux premiers Kinai. (Trois autres artistes du même nom continuèrent la tradition créée par ceux-ci, avec plus ou moins de succès).

A Hagi en Nagato, florissaient à la même époque les familles *Nakai*, *Kawaji* et *Kaneko*.

A Yedo, *Ito Masatsune* (1636-1724), se distinguait dans les fins repercés, et les *Akasaka* dans les découpages de motifs d'insectes, de caractères d'écriture chinoise, etc., inaugurés par *Tadamasa I* (mort en 1657) (1).

C'est également au XVIIe siècle que *Hirata-Dônin* (mort en 1646), retrouvant des secrets perdus depuis la fin du VIIIe siècle, commença à décorer des tsubas en fer, en sentoku et en shuibichi d'*émaux champlevés*. — Quant aux *émaux translucides*, leur emploi ne date que de la fin du XVIIIe siècle. Ils ont été souvent ajoutés au décor primitif de gardes anciennes, soit à cette époque, soit même postérieurement. Ainsi s'est trouvé réalisé le tour de force de leur application sur le métal (généralement fer ou shakudo).

Notons enfin que les écoles créées au XVIe siècle, les *Gôto*, les *Umetada*, les *Shôami* continuèrent d'heureux travaux au XVIIe.

(1) Style dit *Kisukashi*. — Il est à remarquer que dans la province de Higo les *Kasuga* et, en particulier, *Matashichi I* (1613-1699), exécutèrent des œuvres analogues (découpages de grues héraldiques en silhouette positive, par exemple) ce qui a pu occasionner des confusions.

IV

Avec la célèbre ère de Genroku (1688-1703), s'ouvre pour la ciselure japonaise une ère nouvelle. Par suite de la continuité de la paix, les mœurs se sont adoucies et policées, un luxe effréné règne à Yedo. C'est là l'époque où la courtisane du Yoshiwara est adulée à l'égal d'une reine. La classe bourgeoise, celle des négociants enrichis des grandes villes, et en particulier d'Osaka, voit son influence croître chaque jour. De l'aspiration à la jouissance, poussée jusqu'à ses dernières limites, naît l'amour du joli, du délicat, du raffiné. Les daimyô asservis ne pouvant plus se signaler par leurs actions d'éclats, veulent se distinguer par la splendeur de leur costume, par l'admirable ciselure de leurs armes, en même temps que leur dilettantisme se plaît à protéger les artistes et aussi les auteurs.

C'est alors que, vers la fin de l'ère de Genroku (1688-1703), au moment même où les Kôrin, les Kenzan, les Ritsuô régnent dans le triple domaine de la peinture, de la céramique et des laques, apparaît l'illustre *Yokoya Sômin*, créateur du style que les japonais ont appelé *Machibôri* « ciselure de la ville », par opposition au Kebôri (1), des Gôto.

Sômin I (1669-1733) demanda très souvent des modèles à son ami personnel Hanabusa Ichô I, où s'inspira des dessins laissés par Tanyû. Le principe innové par lui consiste dans l'emploi presque unique du trait gravé auquel

(1) « Ciselure de la famille », mot à mot.

il donne plus ou moins de profondeur et de largeur pour marquer les pleins et les déliés du pinceau (d'où le nom de *Yefu-bôri* ou « ciselure picturale », donné aussi à ce procédé) (1).

Les meilleurs élèves du maître furent sans contredit, son fils adoptif *Sôyo II* (mort en 1779) et *Furukawa-Genchin* (1re moitié du XVIIIe siècle).

L'influence de *Sômin* s'exerça en outre sur plusieurs familles de ciseleurs, en particulier sur celle du *Yanagawa* (*Naomasa* : 1691-1757 et *Naoharu* : fin du XVIIIe siècle, ciseleur du daimyô de Yoshida en Mikawa), qui lui empruntèrent surtout la variété et le pittoresque du sujets. L'école qui, avec celle de Sômin, eut le plus de vogue du XVIIIe siècle est celle des *Nara* Tandis que la première employait surtout la gravure au burin, la seconde s'appliqua à tirer du relief toutes les ressources possibles. Elles ont néanmoins un point commun qui est la recherche de la variété dans les sujets représentés. Les *Nara* font rarement usage de la stylisation, ils lui préfèrent la vraie nature animée d'oiseaux et d'insectes, avec ses arbres tordus par l'âge ou courbés par le vent, ses cours d'eau capricieux. Ils ont la spécialité de petits tableaux ravissants dans leur simplicité, figurant tantôt la vie des grandes herbes ou celle des marais, tantôt encore des scènes historiques ou légendaires dans lesquelles la présence de l'homme vient apporter un nouvel intérêt. ***En leur école s'unissent*** vraiment les deux courants qu'avaient jusque là suivi les artistes sur métaux du Japon : celui des for-

(1) Notons qu'il y a en Europe bien peu d'œuvres authentiques de Sômin I. Celui-ci eut toute une suite de successeurs du même nom. Sômin I n'a guère décoré que des Kozuka en Shibuichi (bronze d'argent).

gerons-armuriers et celui des ciseleurs proprement dits.

Ces différentes raisons peuvent faire comprendre le nombre considérable des élèves qui sont venus s'instruire à l'école des Nara. A partir du XVIIIe siècle, du tronc familial se détachent sans cesse de nouvelles branches, celle des *Hamano* étant la plus importante.

La lignée directe, en particulier *Toshinaga I* (1677-1737), fait surtout usage du fer forgé, ciselé en fort relief et rehaussé de sobres incrustations. Par contre, *Jôi* (1700-1761) a principalement utilisé un bronze rouge aux chaudes ou sombres colorations. Les contours de ses personnages — surtout des sennins (1) des ermites ou des diablotins — sont le plus généralement gravés au trait et leurs corps s'enlèvent en relief très léger, tandis que leurs têtes et leurs coiffures saillent en général beaucoup plus. Ils ont, en quelque sorte, l'air d'entrer dans le métal, d'où le nom de *relief plongeant* qui caractérise parfaitement la manière de *Jôi*.

Le troisième grand maître de l'École des Nara est *Yasuchika I*. Il est l'auteur de belles gardes en fer et en sentoku témoignant d'une grande recherche de l'élégance sobre et distinguée. L'histoire a enregistré une sentence qu'il se plaisait à répéter, et qui prouve l'élévation de son caractère. « L'artiste doit s'attacher à toujours rester pauvre, sans quoi son cœur devient impur, et il ne peut plus rien enfanter d'admirable ». La manière de Yasuchika a été continuée avec moins de succès par cinq artistes du même nom dont le dernier vivait encore au milieu du XIXe siècle.

Le plus célèbre des Hamano, *Masayuki* (1695-1769) étudia sous la direction de Toshinaga I et les japonais estiment

(1) Saints Bouddhiques.

qu'il ne fut inférieur que de fort peu aux trois grands maîtres Nara. Ses œuvres les meilleures sont sur fer, mais il a fait aussi usage du shibuichi, *Noriyuki I* (mort en 1787), son élève est également fort prisé des Japonais.

La troisième grande École du XVIIIe siècle, celle des *Omori*, fut créée à Yedo comme les précédentes. *Terumasa* (1704-1772), s'inspira tout à la fois de Sômin et de Sôyô. Quant à *Teruhide* (1729-1798), il s'est rendu célèbre par l'invention de la sculpture en relief des vagues appelée « Omori nami » sur fer ou sur bronze. Il a décoré de nanako, à l'imitation des Gôto, la surface du Shakudo et même du Sentoku.

Saisi d'émulation en voyant le succès des Écoles nouvelles, la famille Gôto modifia quelque peu son style traditionnel. *Tsujô* (1669-1722) er *Jujô* (1687-1742) tentèrent d'introduire une plus grande variété dans leurs motifs décoratifs et de donner une plus grande liberté d'allure à leur ciseau.

Parallèlement à ceux-ci les *Nomura* auxquels se rattache le célèbre *Tsu Jimpô* (1720-1762) recherchèrent un brillant coloris obtenu à l'aide d'incrustation de nombreux métaux.

Pour être complet, nous devons ajouter à cette liste déjà longue les noms de : *Murakami Jôchiku* (vers 1739-1770) célèbre pour ses fines incrustations de bronze rouge sur fond de Shakudo. *Iwamoto Konkwan*, l'émule du peintre Mori Sosen dans son amour pour la gent simiesque. Tous deux avaient leurs ateliers à Yedo, tandis qu'à Kyôto travaillaient: *Okamoto Naoshige* (Tetsugendô *Shôraku* mort en 1780), un des plus grands ciseleurs sur fer qu'ai eu le Japon. Il a porté au plus haut point l'accomplissement du fer et atteint parfois à la largeur de style du XVIe siècle.

Ichinomiya Nagatume (mort en 1786) dont l'œuvre naturaliste a été manifestement inspirée de celle du grand peintre Maruyama Okyo. *Hosono Masamori* (milieu du XVIIIe siècle), spécialiste du *Kebori Zogan*, procédé consistant en des incrustations de métaux à plat employées concurremment avec la gravure au burin. Il excella surtout dans les sujets très fouillés, comprenant une foule de personnages minuscules. (Gardes célèbres, ornées de la culture du riz ou du thé).

A *Mito* en *Hitachi* se distinguèrent enfin : *Kôami* (fin du XVIIe siècle) et son disciple *Michinaga* (mort en 1768) qui fut aussi très influencé par Nara Toshinaga I.

V.

Au XIXe siècle, l'art du fer va déclinant sans cesse. Par contre, durant le premier tiers de cette période, l'emploi des bronzes et des métaux précieux est poussé à la perfection. La ciselure devient véritablement de l'*orfèvrerie*. Par malheur, elle tombe souvent dans la recherche excessive de l'élégance, du trop léché. Les détails absorbent parfois toute l'attention de l'artiste aux dépens du caractère et de la beauté de l'ensemble. L'art de cette époque est, en résumé, un art d'*analyse*, tandis que les maitres en tsubas des époques primitives et du XVIe siècle recherchaient surtout la *synthèse*. Cet esprit nouveau occasionne un certain manque de vigueur dans l'exécution.

On ne doit pourtant pas jeter l'anathème sur toutes les œuvres du XIXe siècle. Les Ozuki dont les plus célèbres furent *Mitsuoki*, (vers 1800) et *Natsuô* (1828-1898), qui s'inspirèrent du style naturaliste du peintre Ganku (1749-1839), *Gôto Ichijo* (1789-1876) influencé par l'école de Shijo et *Haruaki Hôgen* produisirent encore de fort belles pièces.

En outre quelques techniques très intéressantes furent inventées ou perfectionnées.

Nous citerons seulement le procédé d'incrustation à plat dit *Sumi-Zogan* (1) où le shakudo et l'argent sont employés sur un fond de shibuichi ou de bronze rouge et qui, par la tonalité et les décors choisis, rappelle certains laques, et les tentatives d'innovation de la famille *Takahashi* de Yedo. Au commencement du XIXe siècle, un des membres de celle-ci, Masatsugu, voulu imiter dans ses tsubas l'aspect des laques *tsuishu* et *guri*. Le premier de ceux-ci est un laque rouge à dessins en relief et le second est décoré de couleurs différentes formant des capricieuses zébrures.

La Restauration de 1868, en supprimant la féodalité, puis les édits du mikado interdisant le port des deux sabres, portèrent le dernier coup à la ciselure de la garde de sabre, productrice au cours des âges, d'une si brillante floraison.

---

(1) Littéralement « incrustation d'encre ».
Umetada Mioju, au commencement du XVIIe siècle, avait déjà employé ce procédé sur fond de sentoku.

Dans cette exposition, nous nous sommes proposés pour but de *matérialiser* l'histoire de la tsuba par des séries *extraites* des grandes collections parisiennes. Faute de place, nous n'avons pu présenter celles-ci dans leur ensemble mais seulement en extraire la quintessence (1).

Ce qui semble essentiellement caractériser les collectionneurs français, c'est qu'ils se sont surtout placés au point de vue esthétique, recherchant le beau dans toutes ses manifestations et rejetant le médiocre même s'il présente quelque intérêt historique. Certains ont, d'ailleurs, composé des séries chronologiques complètes en choisissant dans chaque époque ce qu'elle a produit de plus caratéristique et de meilleur, (collections de MM. Gonse, Vever, docteur Mène, par exemple). — D'autres ont plus particulièrement préféré telle période déterminée. Nous nous permettons de signaler à l'attention de nos visiteurs les gardes primitives et du XVIe siècle, de MM. Rouart, R. Collin et Kœchlin; les ajourages sur fer de M. Marteau; les splendides gardes des XVIIe et XVIIIe siècles de M. Gonse; les tsubas de sabres de lutteurs de M. Reubell.

COMTE GEORGES DE TRESSAN.

---

(1) Nous n'avons pu disposer que d'une vitrine pour chaque collection, alors que quelques-unes de celles-ci comptent de 500 à 1500 gardes de sabre.

BIBLIOGRAPHIE SOMMAIRE

De nombreux ouvrages japonais signalés dans la bibliographie des Notes sur l'Art japonais de Teisan (Tome II, Mercure de France, Paris 1906). — Et en outre :

T. Mitsumura. — Tagane-no hana (les fleurs du ciseau). — Kobe, 1903-1904.

Bing. — Le Japon artistique. — Paris, 1889-1890.

Brinkley. — The Art of Japan, 1901.

Gilbertson. — The décoration of Swords and Sword furniture, (Trans. of Japan Society, 1893-1894).

L. Gonse. — L'Art japonais. — Paris, Quantin, 1885. — 2 volumes.

T. Hayashi. — Catalogue de la collection des gardes de sabre du Musée du Louvre. — Paris, 1894.

G. Jacoby. — Japanische Schwertzierathen. — Leipzig, 1904.

H. L. Joly. — Introduction à l'histoire des montures de sabre (14e bulletin de la Société Franco-Japonaise).

Dr Mène. — Divers articles parus dans The Weekly critical Review et dans le bulletin de la Société Franco-Japonaise.

O. Münsterberg. — Japanische Kunstgeshichte. Tome III. — (Braunschweig 1907).

S. Hara et J. Brinckmann. — Die Meister der Japanischen Schwertzierathen (Hamburg 1902).

Okabe Kakuya. — Japanese Sword guards (Museum of fine-arts, Boston 1908).

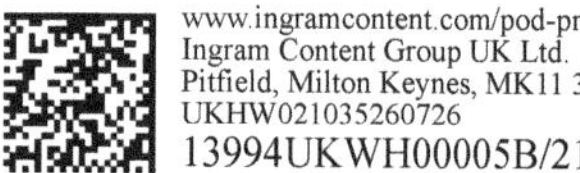
www.ingramcontent.com/pod-product-compliance
Ingram Content Group UK Ltd.
Pitfield, Milton Keynes, MK11 3LW, UK
UKHW021035260726
13994UKWH00005B/2159

9 782329 460673